معركةٌ بين الأطعمةِ

دار جامعة حمد بن خليفة للنشر
HAMAD BIN KHALIFA UNIVERSITY PRESS

دار جامعة حمد بن خليفة للنشر
صندوق بريد 5825
الدوحة، دولة قطر

www.hbkupress.com

La bataille de bouffe
Author: Stéphanie Richard
Illustrated by: Julie Fontaine-Ferron

الطبعة العربية الأولى عام 2023

دار جامعة حمد بن خليفة للنشر

الترقيم الدولي: 9789927161735

تمت الطباعة في الدوحة - قطر.

مكتبة قطر الوطنية بيانات الفهرسة – أثناء – النشر (فان)

ريشارد، ستيفاني، مؤلف.

[Bataille de bouffe]. Arabic

معركة بين الأطعمة / تأليف ستيفاني ريشارد ؛ رسوم جولي فونتان فيرون ؛ ترجمة ريما إسماعيل. - الطبعة العربية الأولى.

الدوحة، دولة قطر : دار جامعة حمد بن خليفة للنشر، 2023.

39 صفحة : إيضاحيات ملونة ؛ 18 سم

تدمك 978-992-716-173-5

ترجمة لكتاب .La bataille de bouffe

1. الأطعمة -- قصص للأطفال. 2. الخضروات -- قصص للأطفال. 3. الوجبات السريعة -- قصص للأطفال. 4. قصص الأطفال الكندية -- المترجمات إلى العربية. 5. الكتب المصورة. أ. فونتان-فيرون، جولي، 1986- رسام. ب. إسماعيل، ريما، مترجم.

ج. العنوان.

PZ23.R56 B3725 2023

843.92– dc23

202328575921

معركةٌ بين الأطعمةِ

تأليف: ستيفاني ريشارد
رسوم: جولي فونتان فيرون
ترجمة: ريما إسماعيل

دار جامعة حمد بن خليفة للنشر
HAMAD BIN KHALIFA UNIVERSITY PRESS

الفصلُ الأولُ

تحضيرُ المائدةِ

منذُ وقتٍ غيرِ بعيدٍ، وفي مكانٍ قريبٍ، كانَتْ هناكَ قريةٌ زاخرةٌ بالفيتاميناتِ. أُطلقَ على سكانِها اسمُ «المُغذِّينَ»، وكانوا يزرعونَ بستانًا شاسعَ الأرجاءِ، مُترامي الأطرافِ.

كانَ السكانُ يهتمونَ بتربةِ بُستانِهم، ويجنونَ منهُ محصولًا وفيرًا.

وفي مكانٍ قريبٍ منْ تلكَ القريةِ، عاشتْ جماعةٌ مُشبَّعةٌ بالزيتِ تُعرفُ بمجموعةِ «المُضِرِّينَ». وبسببِ مضارِّها، جرى استبعادُ أفرادِها عنِ القريةِ، فكانوا يُمضونَ الوقتَ في مطعمٍ مهجورٍ للوجباتِ الجاهزةِ.

وذاتَ يومٍ، قرَّروا أنْ يثبتوا لسكانِ القريةِ مدى قدرتِهم العظيمةِ، بعدَ أنْ سخروا منهم بسببِ افتقارِهم للموادِّ المُغذِّيةِ.

اختبأَ همبركي قائدُ مجموعةِ «المُضِرِّينَ» معَ صديقِه طاطا عندَ طرفِ البستانِ، وبدآ بالتخطيطِ للهجومِ على قريةِ «المُغذِّينَ».

قالَ همبركي: «سنهجمُ الليلةَ يا طاطا! سننفِّذُ خُطتي العبقريةَ، ونَقضي على الخضراواتِ الطازجةِ كلِّها! هاهاها!»

وأضافَ القائدُ همبركي: «سيُصبحُ شكلُ البروكلي وحالُ الفطرِ عجيبًا! كمْ سنَسْخرُ أيضًا منَ الجَزَرِ القبيحِ!»

قالَ طاطا: «حقًّا؟ وماذا تنوي أنْ تفعلَ يا همبركي؟»

أجابَهُ القائدُ: «قل السيدَ همبركي، فأنا القائدُ هنا!
امنحْني بعضَ الاحترامِ! أَنسيتَ الخُطةَ... والهجومَ؟»

طاطا: «عفوًا أيها القائدُ... أقصدُ سيدي القائدَ!
آه... نعم تذكَّرتُ. القضاءُ على الخضراواتِ الطازجةِ».

وتابعَ طاطا: «علينا دخولَ القريةِ، وسرقةَ الخضراواتِ، ووضعَها في أكياسٍ كبيرةٍ... أكياسٍ ضخمةٍ... أكياسٍ هائلةِ الضخامةِ...».

ردَّ همبركي: «حسنًا، حسنًا! فهمْنا!»

وأكملَ طاطا: «... ثمَّ نرميهم في زيتِ القليِ الساخنِ! يا لها مِنْ فكرةٍ رائعةٍ يا قائدُ! ما كانَ بمقدوري أنْ أبتكرَ خطةً مماثلةً! كلُّ الخضراواتِ ستُصبحُ مقليةً! وسنُصبحُ نحنُ المُضِرِّينَ أسيادَ القريةِ! والأقوى فيها!»

قالَ همبركي: «كمْ أنا فائقُ الذكاءِ! هاهاها!»

فقهقهَ طاطا: «هاهاهاهاهاها!!!»

وعقَّبَ همبركي: «يكفي!
أنا مَنْ يضحكُ هنا! هيَّا بنا،
سأعلنُ لمجموعتِنا أنَّ اليومَ
الموعودَ قدْ حانَ».

الفصلُ الثاني

العشاءُ جاهزٌ

عادَ همبركي الدُّهنيُّ وطاطا المقليُّ بحماسٍ إلى زملائِهما، ولمْ يُدركا أنَّ إحدى نبتاتِ البروكلي واسمُها بريكولي قدْ سمِعتْ حديثَهما.

حينَ سمعتْ بريكولي كلامَهما، خافتْ كثيرًا،
وظلَّتْ مُتخفِّيةً بينَ الحشائشِ الكثيفةِ دونَ حراكٍ.
ولمَّا غادرَ الشريكانِ الطائشانِ مكانَهما، خرجتْ بريكولي
منْ مخبئِها وركضتْ مباشرةً لتُبلِّغَ سكانَ القريةِ.

كانَ جميعُ السكانِ منهمكينَ بالعملِ في البستانِ: فالبصلُ يقلِّبُ التربةَ، والكرفسُ يروي الأرضَ، والفلفلُ يضعُ السمادَ.

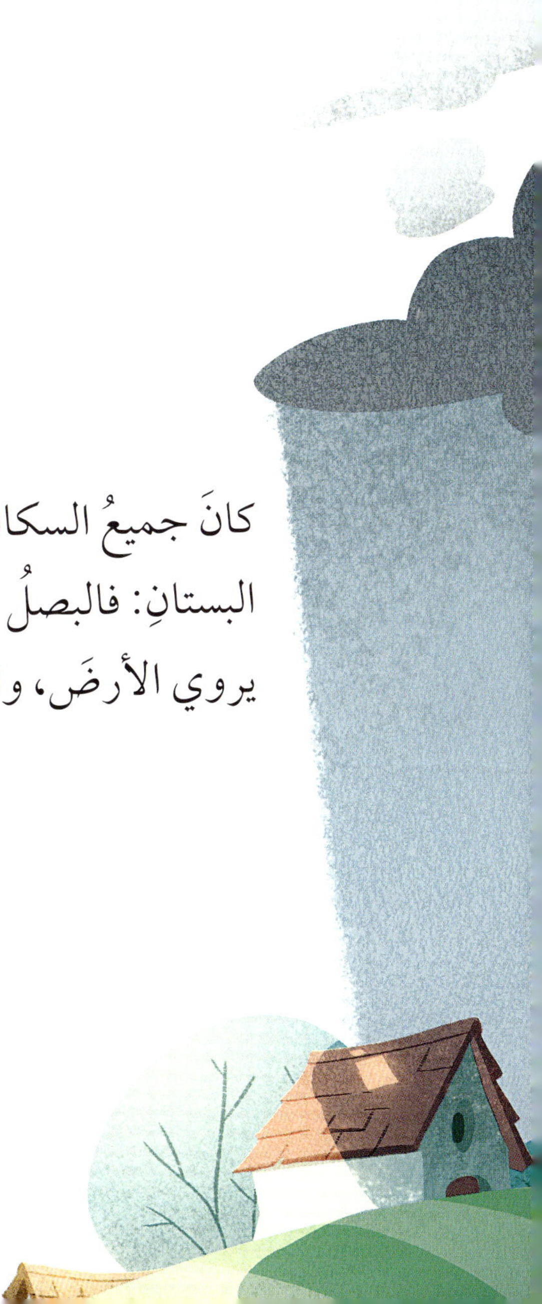

وكانَ «المُغذُّونَ» جميعُهم يراقبونَ نموَّ البراعمِ، كيْ يتأكَّدوا منْ أنَّها قويةٌ ومليئةٌ بالفيتاميناتِ، ومُشبَّعةٌ بأشعةِ الشمسِ.

كانَ الطقسُ حارًّا، لكنَّ غيمةً كبيرةً كانتْ تغطِّي سماءَ القريةِ. وصلتْ بريكولي على عجلٍ، وأخافتِ السكانَ بعدَ أنْ نقلتْ إليهم الأخبارَ المُفزِعةَ.

وأنهتْ حديثَها بالقولِ: «إنَّ مجتمعَنا في خطرٍ!»

صرختْ جزرةٌ صغيرةٌ بخوفٍ: «ماذا سنفعلُ؟
نحنُ صغارٌ، وضعفاءُ، ومنْ دونِ موادَّ حافظةٍ.
كيفَ سنواجهُ الخطرَ؟»

وقالَ فِجْلٌ فَزِعًا: «سنَخسرُ المعركةَ بالتأكيدِ!»

وأضافَ: «نحنُ لا نحتوي على نكهاتٍ اصطناعيةٍ،
فكيفَ سنُدافعُ عنْ أنفسِنا؟»

قالتْ بريكولي: «يا للمصيبةِ! علينا أنْ نهربَ منَ القريةِ.
كمْ سيكونُ تركُ أرضِنا صعبًا...».

هتفَ صوتٌ منْ بعيدٍ: «لا أحدَ سيغادرُ البستانَ!»

أطلَّتْ نشيطةُ البطاطا الخدومةُ والجديرةُ بالثقةِ، وقدْ حجبتْ عنها الغيمةُ حرارةَ الشمسِ قليلًا. إنها نشيطةُ المُدهِشةُ! عرفَ «المُغذُّون» مِنْ مشيتِها الواثقةِ أنَّها بطلةُ الموقفِ! وحينَ وقفتْ شامخةً، تجمَّعَ سكانُ القريةِ حولَها بسرعةٍ فائقةٍ. وخيَّمَ الصمتُ على المكانِ.

قالتْ نشيطةُ: «يا سكانَ البستانِ الأعزاءَ! أعرفُ أنكم خائفونَ، ولكنَّ الواجبَ ينادينا. علينا أنْ نَحميَ بيئتَنا وأنْ نفرضَ احترامَ قوانينِنا! إنَّنا أقوياءُ: نحنُ الفيتامينُ والطاقةُ والقوةُ! فلنتَّحدْ ولنُظهرْ قوَّتَنا لجماعةِ «المُضِرِّينَ»! بوحدتِنا سيصبحُ كلُّ شيءٍ مُمكنًا!»

صاحَ الجميعُ بصوتٍ واحدٍ: «نعم! بوحدتِنا سيصبحُ كلُّ شيءٍ مُمكنًا!»

تجمَّعتْ الخضراواتُ كلُّها، بدءًا منَ الخرشوفِ
ووصولًا إلى القُنَّبيطِ، لوضعِ خطةٍ دفاعيةٍ.
وعندما هبطَ الليلُ، كانوا قدْ أعدُّوا لزوَّارِهم
المُشاكسينَ مفاجأةً مُذهلةً.

الفصلُ الثالثُ

هجوووومٌ!

كانَ «المُضِرُّونَ» يستعدونَ لتنفيذِ هجومِهم. غطَّوا وجوهَهم بأقنعةٍ سوداءَ، وحملُوا أكياسًا كبيرةً جدًّا، وراحوا يتخيلونَ فوزَهم المُبهِرَ.

تجمَّعتْ شطائرُ التاكو وسندويشاتُ النقانقِ والبيتزا
وكلُّ الشخصياتِ الدهنيةِ الأخرى أمامَ قائدِهم،
للاستماعِ إلى خطابِه الدهنيِّ.

هتفَ همبركي بكلِّ فخرٍ قائلًا: «سنُصبحُ أسيادَ القريةِ!»

وأضافَ: «سنقضي على الخضراواتِ الطازجةِ، ولنْ يأكلَ الناسُ بعدَ اليومِ سوى الوجباتِ الجاهزةِ المُشبَّعةِ بالدهونِ والزيوتِ الضَّارةِ! فلتستعدَّ النباتاتُ المُغذِّيةُ للاختفاءِ منَ الوجودِ تمامًا! هاهاهاهاهاها!!!!! هاهاها!!! هاهاها!!! هاهاهاهاهاهاهاها!!!»

وتوجَّهتِ الأطعمةُ المؤذيةُ بخطًى واثقةٍ نحوَ القريةِ.

كانَ ضوءُ القمرِ خافتًا، لكنَّهم كانوا على أتمِّ الاستعدادِ لتطبيقِ خطتِهم الجريئةِ.

دخلتِ المجموعةُ إلى البستانِ منْ دونِ ضجةٍ كاللُّصوصِ، وكانَ السكونُ يخيفُ أكثرَ شطائرِ الهمبرغرِ جرأةً.

تقدمَ «المُضِرُّونَ» لسرقةِ المزروعاتِ، لكنَّهم تجمَّدوا منْ هولِ المُفاجأةِ! أينَ الخضراواتُ؟! لقد اختفتْ... كانَ البستانُ خاليًا تمامًا.

صرخَ همبركي: «هذا مستحيلٌ! لا أصدِّقُ ما أرى!»

وأضافَ: «همممممم... هناكَ خائنٌ بينَنا! أهذا أنتَ يا
طاطا؟ سرَّبتَ خبرَ هجومِنا للخضراواتِ!
كيفَ تجرَّأتَ على خيانتِي أيها المقليُّ الجبانُ؟»

ردَّ طاطا بخوفٍ: «لا يا همبركي! أقصدُ السيدَ همبركي! أنا لا أخونُك! أنا قطعةُ بطاطا مقليةٌ مسكينةٌ وغيرُ مملَّحةٍ أيضًا. قيمتِي لا تكتملُ منْ دونِك! ثمَّ إنِّي أكرهُ الخضراواتِ الطازجةَ، لأنَّها كائناتٌ صغيرةٌ منْ دونِ نكهاتٍ مضافةٍ!»

فجأةً نظرَ همبركي خلفَهُ، وصرخَ: «مَنْ هناكَ؟»

خرجَ صوتٌ مخيفٌ منَ البستانِ المعتمِ. فحبستْ مجموعةُ «المُضِرِّينَ» أنفاسَها بعدَ ظهورِ وحشٍ ضخمٍ مُخيفٍ يتقدَّمُ نحوَها.

لمْ تتجرأْ شطائرُ البيرغرِ والبطاطا المقليةُ والبيتزا على الحركةِ. فقدِ اتضحَ أنَّ الوحشَ الضخمَ سيتكلَّمُ...

قالَ الوحشُ العملاقُ مُستاءً: «كيفَ تجرؤونَ على الدخولِ إلى هنا؟ ألا تعرفونَ أنِّي أحرسُ هذا البستانَ منْ أيِّ هجومٍ؟ اعلمُوا جيدًا أنَّ معركتكم خاسرةٌ، ولنْ تتمكَّنُوا منَ القضاءِ على سكانِ هذا البستانِ أبدًا!»

وأضافَ الوحشُ: «عودُوا إلى منازِلِكم وابقَوا فيها!
ولا تفكِّروا بالعودةِ إلى هنا ثانيةً!»

تلعثمَ همبركي، وقالَ: «لا بدَّ... لا بدَّ أنَّه المرشدُ الغذائيُّ العظيمُ! إنَّهُ أسطورةٌ مُبتكرةٌ في المدنِ لمُحاربةِ الأطعمةِ الضارَّةِ! إنَّهُ قائدُهم بلا شكٍّ، وكلُّهم ينصتونَ لنصائحِه وقواعدِه السخيفةِ. يجبُ ألا ندعَهُ يمسكُنا! هيَّا اهربُوا!»

وفي لمحِ البصرِ، اختفتْ مجموعةُ «المُضِرِّينِ» كلُّها.

الفصلُ الرابعُ
استمتِعُوا بالنصرِ!

في البستانِ، كشفتْ أشعةُ الصباحِ الأولى هويةَ الشخصيةِ العملاقةِ! إنَّها البطاطا نشيطةُ المغروزةُ بفخرٍ في رأسِ العملاقِ.

في الوقتِ الذي شكَّلَ فيهِ الكرفسُ ذراعَي العملاقِ وساقيْهِ، وشكَّلَ الفجلُ الأحمرُ العينينِ، أما الجزرُ فأخذَ شكلَ أسنانِه الطويلةِ المدببةِ!

باختصارٍ، شاركتْ كلُّ الخضراواتِ في هذا العرضِ التنكريِّ الضخمِ! واتَّحدتْ لتمثيلِ دورِ الوحشِ الذي أرعبَ الأطعمةَ المؤذيةَ.

احتفلتِ الخضراواتُ بالنصرِ، وأقامتْ حفلةً كبيرةً.

وغطسَ بعضُها في بركةٍ منْ صلصةِ الخلِّ والزيتِ منزليةِ الصنعِ، في حينِ استلقى بعضُها الآخرُ تحتَ أشعةِ الشمسِ الساطعةِ كيْ يستجِمَّ كأنَّه في منتجعٍ أو في حمامِ بخارٍ!

لقدْ باتَ بإمكانِ الخضراواتِ العيشُ برفاهيةٍ وسلامٍ دائمينِ!